Jan Nicolai Arsenijevic

Identifikation und Vergleich von Open Source Modellen

Jan Nicolai Arsenijevic

Identifikation und Vergleich von Open Source Modellen

GRIN Verlag

Bibliografische Information der Deutschen Nationalbibliothek: Die Deutsche Bibliothek verzeichnet diese Publikation in der Deutschen Nationalbibliografie; detaillierte bibliografische Daten sind im Internet über http://dnb.d-nb.de/ abrufbar.

1. Auflage 2008
Copyright © 2008 GRIN Verlag
http://www.grin.com/
Druck und Bindung: Books on Demand GmbH, Norderstedt Germany
ISBN 978-3-640-28591-4

Fachhochschule
Bonn-Rhein-Sieg
University of Applied Sciences

Fachbereich Informatik
Department of Computer Science

Seminararbeit

im Studiengang
Master of Science in Computer Science

Identifikation und Vergleich von Open Source Modellen

von
Jan Nicolai Arsenijevic

Sommersemester 2008

Inhaltsverzeichnis

Abbildungsverzeichnis

Tabellenverzeichnis

Abkürzungsverzeichnis

ASF   Apache Software Foundation

CVS   Concurrent Versioning System

FSF   Free Software Foundation

GPL   GNU General Public License

HTTP   HyperText Transfer Protocol

HTTPD HyperText Transfer Protocol Daemon

IP   Internet Protocol

NCSA   National Center for Supercomputing Applications

OSI   Open Source Initiative

OSD   Open Source Definition

TCP   Transfer Control Protocol

UML   Unified Modeling Language

1 Einleitung

Als das Computerzeitalter in der Mitte des 20. Jahrhunderts begann, gab es noch keine Softwarefirmen im heutigen Sinne. Die Software war Bestandteil der von den Hardwareherstellern angebotenen Computersysteme. Zu diesem Zeitpunkt wurden zusätzliche Softwareprogramme von Anwendern lediglich für ihre eigenen Bedürfnisse geschrieben. Diese zusätzliche Software wurde häufig öffentlich zur Verfügung gestellt, z.B. für das Betriebssystem Unix[1]. In den siebziger Jahren wurde dem entgegengewirkt und der Weg hin zu kommerziell vertriebener Software geebnet, die besonders durch Bill Gates in seinem öffentlichen Brief *„An Open Letter to Hobbyists"* verlangt wurde [Microsoft 1976].

Im Gegensatz dazu entstand mit der Gründung der Free Software Foundation[2] (FSF) eine organisierte Gegenbewegung, die freie Software propagierte. Hier haben das GNU-Projekt[3] und die GNU General Public License (GPL) ihren Ursprung. 1998 wurde mit der Gründung der Open Source Initiative[4] (OSI) die erste Version der Open Source Definition[5] (OSD) veröffentlicht. Begründer dieser Bewegung waren Eric S. Raymond und Bruce Perens. Die auf den *Debian Free Software Guidelines*[6] beruhende Open Source Definition ist eine zehn Kriterien umfassende Bedingung. Die Lizenz, unter der die entsprechende Software veröffentlicht wird, muss alle in der Open Source Definition beschriebenen Forderungen erfüllen. Erst dann kann Software als Open Source (deutsch: quelloffen) bezeichnet werden. Im Vordergrund stehen hier die freie und unbeschränkte Verfügbarkeit sowie Weitergabe der Software und des mit ihr verbundenen Quellcodes. Des Weiteren sind Veränderungen an Quellcode und die Weitergabe dieser Veränderungen ohne Beschränkung erlaubt [Perens 2007].

Die beiden Bewegungen „Free Software Foundation" und „Open Source Initiative" haben unterschiedliche Betrachtungsweisen: Die Open Source Initiative sieht die Tatsache, dass eine Software quelloffen sein sollte als rein praktisch an und stellt sie ethisch nicht in Frage. Im Vordergrund für die Open Source Initiative steht die Verwaltung und das Marketing der Open Source Definition. Im Gegensatz dazu sieht die Free Software Foundation Open

---

[1] Darstellung der Geschichte von Unix unter http://crackmonkey.org/unix.html, online am 18.12.07

[2] Der größte Non-Profit-Sponsor des GNU-Projekts (http://www.gnu.org/home.de.html, online am 18.12.07)

[3] 1984 gegründet, um ein vollständiges, unixartiges Betriebssystem auf Basis von Freier Software zu entwickeln (http://www.gnu.org/home.de.html, online am 18.12.07)

[4] Organisation, die sich der Förderung von Open Source Software widmet (http://www.opensource.org/, online am 18.12.07)

[5] Die Aktuelle Version der Open Source Definition ist Version 1.9 (http://opensource.org/docs/osd, online am 18.12.07)

[6] Vgl. http://www.debian.org/social_contract, online am 18.12.07

Source Software als soziales Problem. Trotz dieser unterschiedlichen Sichtweisen, verfolgen beide Bewegungen grundsätzlich dieselben Ziele.

Aus diesem Grund treiben beide Bewegungen die Open Source Entwicklung voran. Dadurch ist ein Trend hin zum Einsatz von Open Source Lösungen sowohl im privaten als auch im öffentlichen bzw. kommerziellen Bereich zu verspüren. Dieser Trend zu Open Source bezieht sich schon lange nicht mehr nur auf die entstehenden Softwareprodukte, sondern auch die für die Open Source Software typischen Entwicklungsmodelle bzw. -methoden rücken immer mehr in das Interesse von Privatleuten und kommerzieller Herstellern von proprietärer[7] Software.

Im Gegensatz zu proprietärer Software ist das Neue an der Open Source Bewegung die Bereitstellung quelloffener und selbst geschriebener Software. Diese kann beliebig genutzt und verändert werden. Die dabei entstehenden Programme können von ihren Anwendern weiterentwickelt und für eigene, spezielle Aufgaben modifiziert bzw. optimiert werden. So entstehen schnell fehlerfreie und stabile Programmversionen. Oft geschieht diese Art der Softwareentwicklung kollaborativ, d.h., dass mehrere Entwickler mit Hilfe von Vereinbarungen, Probleme koordinieren und lösen, so z.B. Softwareinhalte (Quellcode) gemeinsam verändern und diskutieren. Dieser Ansatz der Softwareentwicklung umfasst die Aspekte Kommunikation, Koordination und Kooperation zwischen den einzelnen Beteiligten. Durch die so genannten Open Source Communities[8] wird dieser Ansatz um die Einbeziehung des organisationsbedingten (technisches, soziales und organisatorisches Umfeld) und persönlichen Kontexts (Motivation, Kompetenz) des einzelnen Beteiligten erweitert.

Der Erfolg von Open Source Software wird durch die folgenden Faktoren bestimmt: leichte Bedienbarkeit, der modulare Aufbau und die Wiederverwendbarkeit von Open Source Softwarekomponenten [Koch 2004].

Durch die leichte Bedienbarkeit können potentielle Anwender in ein Open Source Softwareprojekt als Programmierer einbezogen werden. Dadurch entsteht auf der einen Seite ein anwachsendes Interesse für das Endprodukt am Markt und auf der anderen Seite fließen zusätzlich zu den bestehenden Ideen seitens der Projektinitiatoren weitere Anforderungen bzw. Lösungsvorschläge von der Anwender-/Entwicklerseite mit ein.

Der modulare Aufbau von Open Source Software ermöglicht die dezentrale, zeitlich und räumlich verteilte Entwicklung von Komponenten, die dann zu komplexen Systemen zusammengeführt werden können. Zudem können sich die am Projekt Beteiligten, ohne einen Gesamtüberblick über das komplette System zu haben, schneller in die

---

[7] Vgl. http://www.gnu.org/philosophy/categories.de.html#ProprietarySoftware, online am 18.12.07

[8] Von community (deutsch: Gemeinde, Gemeinschaft); Es wird in der vorliegenden Arbeit weiterhin der englische Begriff „Community" genutzt

Programmierung einarbeiten. Durch Parallelisierung der Programmierung und durch Bereitstellung standardisierter Schnittstellendefinitionen wird einerseits der Softwareentwicklungsprozess erheblich verkürzt und andererseits die reibungslose Zusammenarbeit von Softwaremodulen sichergestellt.

Die Wiederverwendbarkeit wird durch die freie Verfügbarkeit des Quellcodes und durch den modularen Aufbau der Software gewährleistet. Dies kann zur Ersparnis von Entwicklungsaufwand und somit -kosten beitragen.

Um der Open Source Softwareentwicklung Herr zu werden, braucht es gewisse Modelle bzw. Methodiken, nach denen im Entwicklungsprozess verfahren wird. Nur so kann sichergestellt werden, dass die Entwicklung eines Open Source Softwareprodukts erfolgreich durchgeführt werden kann. Die richtigen Open Source Entwicklungsmodelle bzw. -methoden sind der Garant für den Erfolg des daraus resultierenden Softwareprodukts.

1.1 Ausgangssituation

Durch das Internet als weltweites Kommunikationsmedium hat das Konzept der Open Source Softwareentwicklung eine hohe Verbreitung und Allgegenwärtigkeit erreicht. Dies wird auch verdeutlicht durch die auf zahlreicher Open Source Software basierende Internetinfrastruktur. Beispielsweise ist *Sendmail*[9] das führende *Mail-Transfer-System* und *BIND*[10] die am weitesten verbreitete Implementierung eines *Internet Domain Name Systems* des Internets [Johnson 2007].

Der Erfolg von Open Source ist verbunden mit dem schnellen Wachstum des Internets. Das Internet ermöglicht ein leichteres Zusammenarbeiten zwischen Programmierern in größerem Umfang. So ist es nicht verwunderlich, dass Open Source Projekte, wie *Linux* oder *Apache* erfolgreich eingeführt wurden und weiterhin betrieben werden. Dies verdanken Open Source Lösungen der zahlreichen, stetig wachsenden Anzahl an Communities. Zur Verdeutlichung zeigt die Tabelle 1 eine Zusammenstellung der hochgerechneten Community-Größe der an den verschiedenen Open Source Projekten beteiligten Personen.

---

[9] Vgl. http://www.sendmail.org/, online am 18.12.07

[10] Vgl. http://www.isc.org/index.pl?/sw/bind/index.php, online am 18.12.07

Open Source Projekt	Größenabschätzung in Personen der Community
Linux	7000000
Perl	1000000
BSD	960000
Apache	400000
Sendmail	350000
Python	325000
Tcl/Tk	300000
Samba	160000

Tabelle 1: Hochgerechnete Größen von Open Source Communities [Johnson 2007]

Die in der Tabelle aufgeführten Zahlen verdeutlichen die Entwicklung und das andauernde Interesse an Open Source. Die Open Source Entwicklung ist eine wettbewerbsfähige Alternative zu konventionellen Softwareentwicklungsmethoden. Die Anzahl an Open Source Entwicklungen steigt stetig. Es werden zahlreiche Open Source Betriebssystemdistributionen (z.B. das Betriebssystem *Linux*), Programmbibliotheken für Programmiersprachen, Server- und Anwendungssoftware etc. entwickelt und vertrieben. Wie eingangs beschrieben, erfüllt das Internet eine wichtige Rolle für das Open Source Konzept. Nicht nur die Entwicklung, auch die Art der Entwicklungen ist stark durch das Internet geprägt.

Aus diesem Grund ist es essentiell wichtig, Modelle bzw. Entwicklungsmodelle bereitzustellen, die es ermöglichen, die Entwicklung von Open Source Software innerhalb eines Projekts zu planen und zu organisieren. Erschwerend ist hierbei, dass es bisher keine einschlägige Literatur zu Open Source Softwareentwicklungen gibt.

1.2 Zielsetzung

Das Ziel der Arbeit ist die Identifikation und der Vergleich von Open Source Modellen. Im engeren Sinne sind hiermit Entwicklungsmodelle gemeint. Hierbei wird der Schwerpunkt auf Open Source Softwareprojekte gelegt, die von Communities, die das Internet als Kommunikationsplattform nutzen, vorangetrieben werden.

Durch die Vielzahl an Open Source Softwareprojekten und aufgrund mangelnder Informationen über diese, ist es schwierig, die einzelnen Entwicklungsmodelle herauszufiltern. Es wird daher ein Verfahren entwickelt, anhand dessen spezifische

Entwicklungsmodelle mit ihren verschiedenen Merkmalen und Ausprägungen identifiziert und anschließend verglichen werden können.

1.3 Vorgehensweise

Nach dieser Einleitung werden die Grundlagen bezüglich Open Source und der Entwicklungsstrategie von Open Source Software beschrieben. Hierbei werden grundlegende Begriffe kurz erläutert. Daraufhin werden die Idee und die Organisation von Open Source Entwicklungen mit ihren Prozessen und Rollen innerhalb dieser aufgezeigt und mit klassischen, konventionellen Softwareentwicklungsprozessen verglichen. Daraufhin wird im dritten Kapitel auf die Open Source Modelle bzw. Entwicklungsmodelle eingegangen. Nachdem der generelle Aufbau von Open Source Communities erläutert worden ist, wird ein Einblick in die von Open Source Projekten benutzten so genannten Evolutionsmuster (engl.: evolution pattern) gegeben. Im Folgenden werden Klassifizierungen von Open Source Softwareentwicklungen vorgenommen. Diese Muster und Klassifizierungen sind ein wichtiger Bestandteil zur möglichen Definition von Entwicklungsmodellen von Open Source Software. Mit Hilfe einer morphologischen Methode[11] in Form einer Matrix, mit der Entwicklungsmodelle identifiziert werden können, wird ein Entwicklungsmodell anhand eines Fallbeispiels aus dem Bereich Open Source definiert. Erst mit dieser morphologischen Matrix mit spezifischen Merkmalen von Open Source Softwareprojekten und deren Ausprägungen wird es möglich, solche Entwicklungsmodelle zu vergleichen. Danach können eine Zusammenfassung und ein Ausblick erfolgen. Die Abbildung 1 visualisiert diese Vorgehensweise.

---

[11] vgl. [Ritchey 2006]

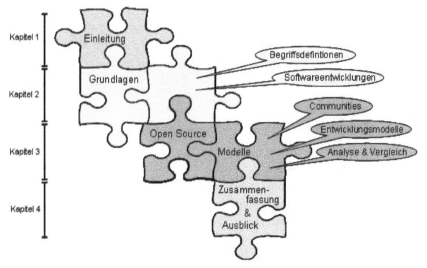

Abbildung 1: Vorgehensweise

2 Grundlagen

Dieses Kapitel behandelt zunächst die Begriffsdefinitionen, die im Rahmen dieser Arbeit benutzt werden. Des Weiteren wird auf Open Source als Konzept für die Softwareentwicklung eingegangen und dabei eine Gegenüberstellung von proprietärer und Open Source Softwareentwicklung vollzogen.

2.1 Begriffsdefinitionen

Oft wird der Begriff „Open Source Software" mit dem Begriff der „Freien Software" gleich gestellt. Tatsächlich ist es aber – wie eingangs erwähnt – so, dass die Grundgedanken von Open Source Software denen von Freier Software widersprechen. Open Source Software verzichtet zugunsten der Kommerzialisierung auf sämtliche langfristige Überlegungen, wie Philosophie, Ethik oder gesellschaftliche Effekte und konzentriert sich auf den technischen Vorteil. Freie Software hingegen stellt die oben genannten tief gehenden und grundsätzlichen Überlegungen in den Vordergrund [FSF 2007].

Im Folgenden dieser Arbeit wird zwar der Terminus *Open Source Software* benutzt, gleichzeitig wird jedoch auch die Abgrenzung der beiden Begrifflichkeiten aufgezeigt. Es werden also sowohl die Gemeinsamkeiten als auch die Unterschiede beider Begriffe verdeutlicht.

2.1.1 Open Source Software

Entwickelt wurde der Begriff „Open Source Software" von der Open Source Initiative. Zum einen sollte mit ihm eine Variante des vergleichsweise eher eingegrenzten Begriffs der „Freien Software", der von der Free Software Foundation entwickelt wurde, festgelegt werden. Zum anderen sollte eine möglichst weit reichende Akzeptanz und Verbreitung von Open Source Software erreicht und gewährleistet werden. Hierzu schuf die Open Source Initiative unter Bruce Perens und Eric S. Raymond die so genannte Open Source Definition, die verschiedene Kriterien definiert. Diese müssen in den Lizenzbestimmungen der jeweiligen betrachteten Software enthalten und von dieser erfüllt sein, damit sie als Open Source Software angesehen werden kann. [Perens 2007].

Zu den zentralen Kriterien der Open Source Definition gehören der freie Zugang zum Quellcode, die Möglichkeit zur freien Weitergabe und zur Modifikation dieses Quellcodes sowie der uneingeschränkte Anwender- und Einsatzbereich der betrachteten Software. [OSI 2006, FSF 2007]. Folgt also eine Software der Open Source Definition, hat jeder beliebige das Recht, die Software frei zu verteilen und Modifikationen an ihrem Quellcode vorzunehmen. Dabei wird der Quellcode als integraler Bestandteil der betrachteten Software angesehen. Ein weiteres Kriterium ist, dass Software-Derivate[12], die durch etwaige Modifikationen des Quellcodes entstanden sind, unter denselben (Lizenz-) Bestimmungen weiter vertrieben werden.

2.1.2 Freie Software

Die Bedeutung des Wortes „frei" in dem Term „Freie Software" von Richard M. Stallman ist im Kontext zu der Definition zu verstehen, damit die Definition des Terms verstanden werden kann. Im Sinne der Free Software Foundation bedeutet der Begriff „frei" in diesem Kontext nicht „kostenlos", sondern ist im Sinne von „freiheitlich", *„free as in speech, not as in beer"*, zu verstehen [FSF 2007].

Eine Software muss dem Anwender demnach laut der Free Software Foundation bestimmte Freiheiten gewähren, um als freie Software bezeichnet werden zu können. Zu diesen Freiheiten gehören unter anderem die Unabhängigkeit vom Einsatzgebiet, das Studieren und Adaptieren, die Weiterverbreitung und Modifikation sowie die anschließende Verteilung der Software. Die freie Verfügbarkeit des Quelltextes einer Software ist bei dieser Definition also keine direkte, sondern nur eine indirekte Bedingung, da diese für das Studieren bzw. Adaptieren sowie für die Modifikation der Software benötigt wird.

2.1.3 Gemeinsamkeiten und Unterschiede

Tatsächlich wird den Unterschieden der Definitionen von Open Source Software und Freier Software in der Praxis wenig Bedeutung zugemessen. Auch wenn sie unterschiedlich formuliert sind, enthalten doch beide Termini im Prinzip die gleichen Kriterien. Die meisten einschlägigen Software-Lizenzen decken beide Definitionen ab, so dass auch die meiste Software, die in der freien Entwicklergemeinschaft entwickelt wird, sowohl Open Source als auch Freie Software darstellt.

Die Open Source Initiative legt den Fokus auf die praktischen Aspekte. Der ethische Teil der Definition wird erst später genannt. Dies ist vor allem darin begründet, dass die Open Source Initiative mit ihrer Terminologie vor allem Unternehmen von den praktischen Vorteilen der Open Source Softwarentwicklungsmodellen überzeugen will.

Die Free Software Foundation hingegen spricht in ihrer Definition zwar von Freiheiten, legt den Fokus aber vor allem auf die ethischen Aspekte. Im Vordergrund steht hier, dass eine

---

[12] Sozusagen „Software-Abkömmlinge"

Software, die ja heute oftmals die Gemeinschaft, sprich Community, kontrolliert, ebenso von der Gemeinschaft kontrolliert werden sollte. Praktische Überlegungen, wie die Verfügbarkeit des Quelltextes, sind nur indirekte Bedingungen und nicht Teil der eigentlichen Definition. Es ist daher heute vor allem eine politische Entscheidung, ob Entwickler von ihrer geschriebenen Software als freie Software oder als Open Source Software sprechen [Feller 2005].

2.1.4 Modelle

In dieser Arbeit werden Open Source Modelle thematisiert. Im Folgenden wird daher eine Beschreibung und eine Kontexteinstufung des Begriffs „Modell" gegeben, wie er in dieser Arbeit gemeint und benutzt wird.

Modelle sind in dieser Arbeit als so genannte Entwicklungsmodelle zu verstehen, die in den Kontext der Softwareentwicklung einzuordnen sind. Anhand von Entwicklungsmodellen ist es möglich, Prozesse zu beschreiben, bei denen sich einzelne Phasen bzw. Stufen identifizieren lassen. Bezogen auf die Softwareentwicklung bedeutet das, dass mit einem solchen Entwicklungsmodell die verschiedenen Phasen eines Softwareprodukts von seiner Entstehung bis zum Ende seiner Verwendung vorgegeben werden [Claus 2006]. Das Entwicklungsmodell hilft den an der Softwareentwicklung beteiligten Personen den gesamten Prozess der Entwicklung so aufzuteilen, dass die Produktentwicklung überschaubar und somit beherrschbar wird. Bei der Aufteilung in die einzelnen Phasen, die wiederum aufgegliedert werden können, stehen je nach Entwicklungsmodell verschiedene Aspekte wie Qualitätssicherung, Nebenläufigkeit etc. im Vordergrund.

2.2 Open Source als Konzept für die Softwareentwicklung

Bei der Behandlung des Themas Softwareentwicklung wird häufig auch von dem Begriff des „Software Engineering" gesprochen. Hierbei werden Konzepte, Methoden und Werkzeuge bereitgestellt, mit denen die Entwicklung von Software durchgeführt wird.

Um sich nun ein Bild von Open Source als Modell für die Softwareentwicklung machen zu können, werden zunächst einige Aspekte der Entwicklung von proprietärer Software betrachtet und beschrieben. Danach wird auf die Softwareentwicklung im Kontext von Open Source eingegangen. So werden die Unterschiede dieser beiden Entwicklungsstrategien von Software herausgearbeitet und verdeutlicht.

2.2.1 Proprietäre Softwareentwicklung

Die traditionelle Entwicklung proprietärer Software in Unternehmen ist historisch gewachsen. Mit dem zunehmenden Einfluss der Softwareindustrie auf die Wirtschaft wurden die bis dahin existierenden, meist aus technischen Ausführungen bestehenden Verfahren um unternehmerische, also z.b. strategische und finanzielle, Aspekte ergänzt. Durch ein solch einheitliches Konzept der Softwareentwicklung soll zum einen jedes Unternehmen zu Profitmaximierung und Marktführung geführt werden. Zum anderen ist das Ziel, die Ideen, die Struktur und das gesamte Fundament der erstellten Software – also den ihr zugrunde liegenden Quelltext – als geistiges Eigentum geheim zuhalten, um so einen Wettbewerbsvorteil zu erhalten.

Proprietäre Software Entwicklungsprojekte folgen im Allgemeinen einer bestimmten Entwicklungsmethode bzw. -modell, die z.b. eine feste zeitliche Reihenfolge und den Eintritt in verschiedene Phasen während des Entwicklungsprozesses vorgibt (z.b. beim so genannten Wasserfallmodell). Die Verwendung von Software Engineering Methoden ist heutzutage für viele Programmierer ein Muss, da sie ein wichtiges Kontrollinstrument für z.B. das Ressourcen Management, das Produktdesign, die Qualitätssicherung etc. darstellen. [Müller 2003].

Bei der proprietären Softwareentwicklung werden für die Entwicklung so genannte Vorgehensmodelle verwendet. Diese sind die Voraussetzung für den sinnvollen Einsatz von Methoden und Werkzeugen, sie teilen den gesamten Entwicklungsprozess in einzelne Schritte auf und regeln die bei diesen Einzelprozessen verschiedenen Verantwortlichkeiten der jeweils Beteiligten.

Zur Umsetzung eines solchen Modells in die Praxis werden in Softwarefirmen finanzielle und vor allem personelle Ressourcen benötigt. Dabei erfolgen Organisation und Koordination eines Softwareprojekts durch Manager, Abteilungs- oder Projektleiter. Diese sind den Entwicklern bzw. Software-Ingenieuren meist hierarchisch übergeordnet. Je nach Größe des Projekts werden weitere, spezialisierte Teams gebildet, die bestimmte Aufgaben übernehmen.

Für die (Weiter-)Entwicklung des Produkts sind Release- oder Produktmanager zuständig; sie entscheiden, welche Features in die nächste Produktversion implementiert und welche der gefundenen Fehler beseitigt werden. Neben diesen Funktionen wird separat eine Marketingabteilung für Öffentlichkeitsarbeit, Marktforschung, Umfragen, Analysen, Werbung etc. tätig. Damit die verschiedenen Funktionen untereinander ihre Ergebnisse austauschen und somit den Überblick nicht verlieren können, finden so genannte Audits und andere Versammlungen statt, in denen auch kurz- oder mittelfristige Planungen das Produkt betreffend vorgenommen werden.

Diese organisatorische Struktur ist in ihrem Kern in den meisten Softwarefirmen wieder zu finden. Standbein dieses Prinzips ist neben dem Marketing vor allem die Softwaretechnik. Zur Softwaretechnik gibt es viele Standardwerke, die jeweils unterschiedliche Sichten auf das Produkt „Software" beschreiben und auch jeweils verschiedene, optimierte Verfahren vorstellen. Dennoch berufen sich alle Standardwerke in irgendeiner Weise auf die fundamentalen Prozesse der Softwareentwicklung, die wie folgt sind: Problemdefinition, Durchführbarkeitsstudie, Analyse, Systemdesign, Detaildesign, Implementierung, Wartung und Betreuung [Müller 2003]. Auf diese einzelnen Prozesse wird im Rahmen dieser Arbeit nicht weiter eingegangen.

Die oben genannte Aufzählung lässt vermuten, dass die Entwicklung einer Software in klar definierte Phasen eingeteilt werden kann. In der Praxis hat sich aber gezeigt, dass diese Phasen nicht eindeutig abgegrenzt und chronologisch durchgeführt werden können. In den einzelnen Schritten kommt es immer wieder zu Rückkopplungen zu vorhergehenden Arbeitsabschnitten. Dies ist insofern von Vorteil, als dass dadurch schon im Vorfeld viele Fehler gefunden und somit frühzeitig unterbunden werden können. Es werden also immer wieder Tests durchgeführt und entsprechend dokumentiert. Dies begleitet die Software von ihrer Idee bis zu ihrem „Lebensende".

Natürlich versuchen Hersteller proprietärer Software diese Prozesse stetig zu verbessern. Der wesentliche Erfolgsaspekt liegt – im Unterschied zur freien Software – darin, dass die proprietäre Software einem Copyright unterliegt, das sie als geistiges Eigentum des Unternehmens schützt. Dieses Urheberrecht schützt die Software also vor Vervielfältigung, Weiterverbreitung und Modifizierung durch andere als das Unternehmen selbst, wodurch die Marktposition des Unternehmens gefestigt wird. Weitere Strategien sind z.B. die Patentierung von bestimmten Softwarekomponenten wie Algorithmen oder die Entwicklung von Standards und Dateiformaten.

Die Hauptmerkmale der traditionellen Softwareentwicklung sind demnach die Marktorientierung, eine straffe meist hierarchische Organisation sowie eine isolierte, geschlossene Entwicklung. Dieses Modell wird von Eric S. Raymond als das *Kathedralen-Modell* bezeichnet [Raymond 2006].

2.2.2 Open Source Softwareentwicklung

Dass Softwareentwicklung auch in einer offenen, formlos organisierten Gemeinschaft funktioniert und die dabei produzierte Software dabei dennoch nicht in verschiedene, inkompatible Bruchstücke zerfallen muss, soll dieser Abschnitt der Arbeit aufzeigen. Dabei werden soziale, organisatorische und technische Aspekte des Entwicklungsprozesses ebenso betrachtet wie das Softwareprojekt, in dem dieser seine Entfaltung findet.

Bekannt wurde diese Softwareentwicklung in der Art des *Basar-Stils* durch Linus Torvalds (Erfinder des Betriebssystems *Linux*) [Raymond 2006, Torvalds 2007]. Sie wird Softwareentwicklung im Basar-Stil genannt, weil ein freies Softwareprojekt oft Komponenten oder Teile von anderer, fremder Software übernimmt und die Entwickler und Anwender dabei wie Händler auf einem Basar nehmen und geben. Wesentlicher Aspekt dabei ist der qualitative und quantitative Gedankenaustausch, die intensive Kommunikation, die wie in einer langjährigen Gemeinschaft verläuft.

Freie Software bzw. Open Source Software wurde vor der Einführung von Linux meist in kleinen, geschlossenen und eng zusammenarbeitenden Gruppen von Entwicklern geschrieben. Die Arbeitsweise dieser Gruppen unterschied sich also nicht sehr von der Art, wie sie bei der Entwicklung von proprietärer Software in Unternehmen angewandt wurde. Beiträge von unbekannten Außenstehenden waren aufgrund fehlender Kommunikationskanäle – das Internet war damals nur schwach entwickelt – selten und wurden allein deswegen fast nie in das Hauptprojekt aufgenommen.

Heute hingegen ist das Internet ein riesiges, globales Netzwerk und wird von fast allen großen, freien Softwareprojekten benutzt, um sich darüber zu organisieren.

Eine freie Software gründet zumeist auf der Idee eines einzelnen Entwicklers. Diese Idee ergibt sich oft aus einem alltäglichen Problem während der Arbeit mit dem Computer: sei es eine Umständlichkeit, eine Inkompatibilität, ein Mangel oder sich ständig wiederholende, monotone Verwaltungsarbeiten. Eines oder mehrere dieser Unzulänglichkeiten bilden den Grundstein dafür, dass Entwickler ein Programm entwickeln, mit dem diese Unzulänglichkeiten automatisch ausgeräumt oder zumindest ausgelagert werden.

Eine weitere Möglichkeit für die Idee zu einer neuen freien Software bilden ihre proprietären Gegenstücke. Oft entdecken Entwickler eine Software auf anderen Systemen, die sie gerne auch auf den von ihnen favorisierten Systemen nutzen möchten und bauen diese nach.

Will der Entwickler ein komplett neues Programm erstellen, so entwickelt er zunächst ein erstes Design. Das Design hat eine hohe Priorität, da es die nachfolgende Arbeit stark beeinflusst, und muss daher genau durchdacht werden. Als Basis für das neu zu erstellende Programm kann der Entwickler aber auch auf eine bereits existierende, fremde Open Source Software zurückgreifen, die z.B. sein Problem bereits in Teilen löst. Der Entwickler entscheidet dann, welche Teile dieser fremden Software übernommen, weggelassen, erweitert oder verändert werden sollen. Dennoch hat auch bei diesem Verfahren das Design die höchste Priorität. Trotzdem kommt es natürlich vor, dass ein Design sich in einem späteren Arbeitsschritt als nicht brauchbar erweist, so dass es dann teilweise oder komplett überarbeitet bzw. Komponenten davon ausgetauscht werden.

Die Entwicklung einer solchen ersten Vorabversion des Programms findet durch den Einzelnen oder in einer kleinen Gruppe statt und hat somit noch nicht das Stadium der verteilten, gemeinschaftlichen Arbeit erreicht. Häufig ist diese erste Vorabversion noch instabil, unvollständig und nur teilweise bzw. schlecht dokumentiert. Durch das Design geformt, lässt sie aber schon eine klare Struktur erkennen. Der Status der ersten Version beeinflusst den Erfolg der Folgeversionen. Hat die Vorabversion zu viele Lücken, müssen sich hinzukommende Entwickler auf ihre Fehlerbehebung konzentrieren, statt sie konsequent erweitern zu können. Ist die Vorabversion auf der anderen Seite zu komplex, werden weniger versierte hinzukommende Entwickler abgeschreckt.

Wenn der Entwickler bzw. der kleine Entwicklerkreis seine Vorabversion nach oben genannten Kriterien fertig gestellt hat, stellt er sie im Internet an verschiedenen Stellen, z.B. durch Ankündigung in einer Newsgroup anderen ambitionierten Entwicklern zur Verfügung, die die Vorabversion dann studieren und sich ihre Gedanken dazu machen können. Dabei trägt die Struktur eines Projekts zu seinem Erfolg bei. Stark modularisierte Programme, die in weitere unabhängige Unterprojekte aufgeteilt werden können, haben grundsätzlich bessere Voraussetzungen. Dies liegt daran, dass hinzukommende Programmierer hier relativ schnell selbst Anwendungen, Hilfs- und Systemprogramme erstellen können, ohne auf die Kernentwicklung oder komplizierte Vorgaben achten zu müssen. Dadurch stellen sich für den Einzelnen schnell Erfolgserlebnisse ein [Raymond 2006].

Aus der oben beschriebenen Vorgehensweise bei Open Source Softwareentwicklungen ergibt sich, dass es hier im Gegensatz zur proprietären Softwareentwicklung keine klar definierten Projektphasen gibt. Auch die anderen aus der proprietären Softwareentwicklung bekannten Funktionen, wie Produktmanagement und Marketing entfallen, sofern die Open Source Software nicht von Unternehmen getragen wird.

3 Open Source Modelle

In diesem Kapitel wird auf die Entwicklungsmodelle im Bereich von Open Source Software eingegangen. Open Source Softwareentwicklungen werden entweder durch Community-vorangetriebene Projekte (z.b. Debian[13]), durch ganze Unternehmensgruppen und Stiftungen (z.b. Apache Software Foundation[14]) oder durch ein einzelnes Unternehmen (z.b. MySQL[15]) getragen bzw. gesteuert.

Aufgrund der heutzutage großen Vielfalt an Open Source Communities und deren immer wachsender Mitgliederanzahl, wird in dieser Arbeit der Fokus jedoch auf die Community-getragene Open Source Softwareentwicklung gesetzt.

Als Kommunikations- und Kollaborationsplattform für Communities dient das Internet, weswegen im Vorfeld kurz auf die Rolle des Internets als Kommunikationsplattform eingegangen wird.

Um die verschiedenen in Open Source Projekten eingesetzten Entwicklungsmodelle besser zu verstehen, wird dann die Rolle der Open Source Community mit ihrer Struktur und den an ihr beteiligten Personen beschrieben. Daraufhin wird auf die so genannten Entwicklungsmuster sowie auf die verschiedenen Klassifikationen von Open Source Softwareentwicklungen eingegangen. Auf Basis dieser wird eine morphologische Matrix erstellt, mit deren Hilfe es möglich wird, Entwicklungsmodelle zu bestimmen. Eine solche Bestimmung wird anhand eines Fallbeispiels durchgeführt.

Am Ende dieses Kapitels wird ein kurzer Ausblick auf die nun vorhandene Vergleichsmöglichkeit von Open Source Softwareentwicklungsmodellen gegeben.

3.1 Internet als Kommunikationsplattform

Es ist kein Zufall, dass das Betriebssystem *Linux* und andere Open Source Software mit dem Internet gewachsen sind: Das Internet bietet wie kein anderes Kommunikationsmittel die Möglichkeit zu einem schnellen und globalen Informationsaustausch und stellt damit für Open Source Projekte nicht nur die dringend benötigte Entwicklungs- und Kommunikationsumgebung, sondern auch die Quelle neuer Ideen und neuer Mitglieder dar. Die verschiedenen Wege der Kommunikation und Präsentation im Bereich der Open Source Softwareentwicklung, die die Internetinfrastruktur bietet, sind Web-Seiten, Mailing-Listen,

---

[13] Vgl. http://www.debian.org/, online am 18.12.07

[14] Vgl. [Apache 2007a]

[15] Vgl. http://www.mysql.com/, online am 18.12.07

Newsgroups, Entwicklerwerkzeuge (z.B. Konfigurations- und Versionierungssoftware, engl.: Concurrent Versioning System (CVS)) etc.

3.2 Open Source Communities

Eine wichtige Rolle im Open Source Entwicklungsprozess spielen die so genannten (Open Source) Communities (siehe dazu Kapitel 1). In den nachfolgenden Abschnitten werden demnach einerseits die Struktur und Organisation der Communities und andererseits die Akteure bzw. die zu diesen Communities gehörenden Mitgliedern, die in den Open Source Entwicklungsprozess involviert sind, mit ihren möglichen Rollen beschrieben.

3.2.1 Struktur und Organisation

In der Praxis nehmen sowohl gewinnorientierte Firmen wie Sun Microsystems [Sun 2007], oder Netscape [Netscape 2000], als auch gemeinnützige Organisationen wie die Apache Software Foundation [Apache 2007a] an der Open Source Entwicklung teil. Gemeinnützige Organisationen, die Förderung von Open Source als Ziel haben, unterstützen im Prinzip entweder direkt einzelne selbst geführte Open Source Projekte wie die Apache Software Foundation, oder bieten allgemeine Unterstützung durch Bereitstellung von Infrastruktur an, wie die Open Source Plattform *sourceforge.net* [Sourceforge 2007]. Allen gemein ist, dass große Communities hinter ihnen stehen, die die Entwicklung in dem Bereich Open Source Software vorantreiben.

Im Gegensatz zu proprietären Softwareentwicklungsprojekten werden in Open Source Projekten keine klaren Unterschiede zwischen Entwicklern und Benutzern gemacht. Hier sind alle Benutzer potentielle Entwickler. Das ausgeprägte Merkmal dieser Rollentransformation in solchen Projekten führt zu sozialen Strukturen. Die an diesen Projekten beteiligten Personen schaffen eine Community um ein solches Projekt herum. Diese Community wird durch ihr gemeinsames Interesse und/oder durch das Entwickeln zusammengefügt. Mitglieder einer solchen Open Source Community nehmen so bestimmte Rollen ein, die sich an den individuellen Fähigkeiten und persönlichen Interessen anlehnen. Eine Open Source Community kann verschiedene Verteilungen und Ausprägungen bezüglich der Anzahl der in der Community involvierten Personen und ihren Rollen haben. Im Allgemeinen ist zu sagen, dass die Mehrheit passive Benutzer sind. In Abbildung 2 ist die allgemeine Struktur einer Open Source Community schematisch dargestellt [Koch 2004, Nakakoji 2002]. Die im Allgemeinen bestehenden Rollen in solchen Communities werden im nächsten Unterabschnitt näher erläutert.

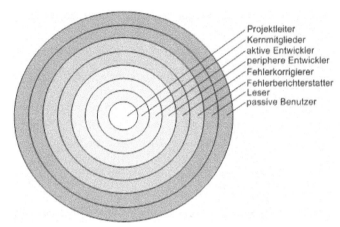

Abbildung 2: Allgemeine Struktur einer Open Source Community vgl. [Koch 2004, Nakakoji 2002]

In Open Source Communities gibt es weder strenge hierarchische Strukturen noch flache Strukturen. Die Beeinflussungen, die die Mitglieder auf die zu entwickelnde Software und die Community haben, hängen sehr stark von den einzelnen Rollen der Mitglieder ab.

3.2.2 Mitglieder und ihre Rollen

Im Jahre 2002 führten Nakakoji u. a. eine Studie über die Rollenverteilung und -struktur von Mitgliedern von Open Source Projekten und der dazugehörenden Communities durch. Sie entwickelten ein aus acht Rollen bestehendes Modell des Aufbaus einer solchen Community, wie sie in Abbildung 2 zu sehen ist. Es umfasst Rollen der am Open Source Entwicklungsprozess teilnehmenden Personen. Durch diese Studie wurde herausgefunden, dass ein Mitglied zu verschiedenen Zeitpunkten eine der folgenden Rollen innerhalb einer Community einnehmen kann [Nakakoji 2002]. Hierbei werden die Rollen gemäß dem Community-Modell bezüglich ihres Einflusses auf die Software von innen (höchster Einfluss) nach außen (geringster Einfluss) erläutert:

Projektleiter (engl.: project leader)
Der Projektleiter ist meistens auch der Projektgründer. Er ist für die Vision und die Bestimmung der allgemeinen Entwicklungsrichtung zuständig und entscheidet über die meisten Entwicklungsschritte [Koch 2004].

Kernmitglieder (engl.: core members)

Die Kernmitglieder tragen im Kollektiv die Verantwortung für die Führung und Koordination des Softwareprojektes. Ihre Anzahl ist meistens von der Projektgröße abhängig. Unter Umständen können sie den Projektleiter in seiner Funktion ersetzen [Koch 2004].

Aktive Entwickler (engl.: active developers)
Die aktiven Entwickler arbeiten regelmäßig an der Softwareerweiterung und Fehlerkorrektur (engl.: bug fixing). Sie sind eine der wichtigsten Stützen von Open Source Projekten [Nakakoji 2002].

Periphere[16] Entwickler (engl.: peripheral developers)
Die peripheren Entwickler leisten gelegentlich Beiträge mit neuen Funktionalitäten oder Fähigkeiten für das Projekt. Ihre Teilnahme ist kurz und unregelmäßig [Nakakoji 2002].

Fehlerkorrigierer (engl.: bug fixers)
Der Fehlerkorrigierer korrigiert entweder selbst erkannte oder vom Fehlerberichterstatter (engl.: bug reporter) berichtete Fehler. Er kann den Teil des Quellcodes, wo der Fehler zu korrigieren ist, lesen und verstehen [Nakakoji 2002].

Fehlerberichterstatter (engl.: bug reporters)
Der Fehlerberichterstatter entdeckt und berichtet Fehler. Er korrigiert weder den gefundenen Fehler selber noch muss er den Quellcode lesen können. Diese Rolle entspricht der Rolle der Tester bei der proprietären Softwareentwicklung [Nakakoji 2002].

Leser (engl.: readers)
Die Leser sind aktive Benutzer. Die Leser interessieren nicht nur die Nutzung, sondern auch die Struktur und Funktionsweise der Software durch Einblicke in den Quellcode. Die Rolle des Lesers entspricht der Begutachtung durch Kollegen (engl.: peer review) bei der proprietären Softwareentwicklung [Nakakoji 2002].

Passive Benutzer (engl.: passive users)
Die passiven Benutzer nutzen die Software auf dieselbe Art und Weise wie Benutzer von proprietärer Software. Sie werden hauptsächlich von der Qualität bzw. Anpassungsfähigkeit der Software angezogen [Nakakoji 2002].

Die Verteilung der oben genannten Rollen ist in jeder Community verschieden: Nicht jede Rolle muss existieren und die Bezeichnungen der einzelnen Rollen können variieren.

---

[16] von Peripherie: an der Außenseite befindlich

Das in der folgenden Abbildung 3 enthaltene UML-Diagramm zeigt die Klassifizierung der einzelnen an Open Source Softwareprojekten beteiligten Rollen auf. Es fasst demnach die Ausführungen von oben zusammen. Es ist zu beachten, dass hier das Augenmerk auf die Zusammenhänge bzw. Relationen zwischen Entwickler und Benutzer gelegt wird – die explizite Rollenbezeichnung des Projektleiters und die der Kernmitglieder werden nicht beachtet. Es wird angenommen, dass sowohl Projektleiter als auch die Kernmitglieder zu der Rolle der Kernentwickler gehören.

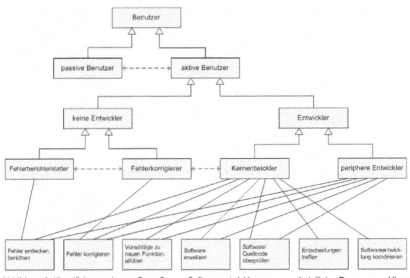

Abbildung 3: Klassifizierung der am Open Source Softwareentwicklungsprozess beteiligten Personen und ihren Aufgaben

Mit Hilfe des Diagramms werden einerseits die Beziehungen zwischen den einzelnen Rollen deutlich und andererseits die Zuordnung der Aufgaben, die sie innerhalb eines Open Source Softwareprojekts innehaben, dargestellt. Anhand der Abbildung ist gut zu erkennen, dass alle Open Source Entwickler Benutzer sind, aber nicht jeder Benutzer Open Source Entwickler ist.

3.3 Entwicklungsmodelle im Kontext von Open Source

Im Folgenden werden verschiedene Entwicklungsmodelle im Kontext von Open Source Softwareentwicklung herausgearbeitet. Um jedoch einheitlich solche Modelle aufbauen zu können, werden zunächst so genannte Entwicklungsmuster oder auch Evolutionsmuster (engl.: evolution patterns) aufgestellt und beschrieben. Nach diesen Mustern werden innerhalb von Open Source Softwareprojekten Softwaresysteme entwickelt, also die Entwicklung von Software vorangetrieben.

Im nächsten Unterabschnitt kann dann eine Klassifizierung von Open Source Softwareentwicklungen in drei verschiedene Kategorien aufgestellt werden.

Leider ist es aufgrund mangelnder wissenschaftlicher Informationen nicht möglich, konkrete spezifische Entwicklungsmodelle im Bereich von Open Source Software aufzustellen. Daher werden am Ende des dritten Kapitels die in den nun folgenden Abschnitten gemachten Überlegungen und Beschreibungen mit Hilfe der morphologischen Methode in Form einer Matrix zusammengefasst und somit die Möglichkeit gegeben, sie miteinander zu vergleichen. Mittels dieser morphologischen Matrix ist es darüber hinaus möglich, alternative Lösungsansätze für die (neue) Erstellung von Open Source Modellen respektive Entwicklungsmodellen systematisch zu erarbeiten.

3.3.1 Entwicklungsmuster

Durch die heutige Vielzahl an Open Source Softwareprojekten und den innerhalb dieser zu entwickelnden Softwareprodukten gibt es verschiedene Muster, nach denen Software entwickelt wird. Im Gegensatz zur Entwicklung von proprietärer Software wird in der Entwicklung von Open Source Software kein klar definiertes Entwicklungsmodell verwendet. Es können alle möglichen Entwicklungsmodelle zum Einsatz kommen. Wenn im Folgenden von Open Source Entwicklungsmodell die Rede ist, ist eine spezielle Art der Softwareentwicklung gemeint, wie sie durch Open Source Software entstanden ist und von Eric S. Raymond in seinem Aufsatz *„The Cathedral and the Bazaar"* beschrieben wurde [Raymond 2006]. Doch selbst dieses Modell bzw. diese Methode ist nicht klar definiert. Es gibt im Gegensatz zu den meisten anderen (klassischen) Entwicklungsmodellen keine klar definierten Prozesse und Regeln (siehe auch Kapitel 2.2.1). Die Modelle in der Open Source Softwareentwicklung sind vielmehr eine evolutionär gewachsene Sammlung gut bewährter Praktiken.

Dadurch und durch die Menge an unterschiedlichen Open Source Softwareprojekten, ist es schwierig, klar definierte und darüber hinaus allgemeine Open Source Modelle zu definieren oder gar zu entwickeln. Aus diesem Grund werden in dieser Arbeit vier Softwareentwicklungsmuster, die bei der Open Source Softwareentwicklung eingesetzt werden, erläutert. Nakakoji u. a. untersuchten im Jahre 2001 in ihrer Studie vier Open Source Softwareprojekte und entwickelten anhand der Ergebnisse Entwicklungsmuster, die in den vier verschiedenen Projekten benutzt werden [Nakakoji 2002]. In dieser Arbeit wird nun versucht, diese Muster, die sich auf die Beispielprojekte stützen, allgemein darzustellen und als (mögliche) Grundlagen für Open Source Modelle im Kontext von Open Source Softwareentwicklungen zu nehmen. Folgend werden diese Entwicklungsmuster erklärt und mit Hilfe von Darstellungen visuell verdeutlicht. Zuvor werden die in den Abbildungen benutzten Zeichen bzw. Symbole erläutert:

Symbole in Abbildung	Erläuterung
◯	Entwicklungsstand
‑ ‑ ‑ ‑ ‑ ▶	Mögliche Weiterentwicklung
────────▶	Festgelegte Weiterentwicklung
‑ ‑ ‑ ‑ ‑ ▷	Mögliche Integration
────────▷	Festgelegte Integration

Tabelle 2: Verwendete Symbole und ihre Erläuterung

Unter Entwicklungstand wird das Stadium oder auch die Stufe der Softwareentwicklung bezeichnet, die eingenommen wird, nachdem eine Software oder eine Softwarekomponente bzw. -modul weiterentwickelt und/oder (wieder) integriert wurde. Es gibt zwei Arten der Weiterentwicklung: Einerseits die der möglichen Weiterentwicklung. Hier können die betrachtete Software oder einzelne Komponenten u. U. weiterentwickelt werden, müssen es aber nicht. Andererseits die festgelegte Weiterentwicklung. Bei dieser wird definitiv festgelegt, dass die Software bzw. etwaige Softwarekomponenten weiterentwickelt werden. Analog gelten diese Vorschriften bei der Integration bzw. beim Einfügen von Software oder Softwareteilen in die Hauptsoftware.

*Entwicklungsmuster 1: **Einfacher Entwicklungsstrang***
Das erste Entwicklungsmuster ist in Abbildung 4 dargestellt. Es besteht aus einem einzigen Entwicklungsstrang. Auf jeder Softwareentwicklungsstufe können einzelne Komponenten weiterentwickelt werden und wieder in die Haupt- bzw. Kernsoftware integriert werden. Dabei kann es vorkommen, dass manche Weiterentwicklungen nicht integriert werden. Die Personen, die an einem Open Source Projekt, das ein solches Muster benutzt, beteiligt sind und Softwarekomponenten weiterentwickeln, nutzen für die Kommunikation untereinander meist Mailing-Listen und Newsgroups (siehe Kapitel 3.1). Die einzelnen Entwicklungen

werden durch den Projektleiter nach seinem Bemessen in die Kernversion der Software integriert. Hierbei überprüft der Projektleiter die weiteren hinzugekommenen Funktionalitäten, den Programmierstil sowie die -konventionen, die Dokumentation und schließlich die Qualität der erweiterten Software. Erst danach können die Softwarekomponenten für etwaige Weiterentwicklungen und Pflege wieder verteilt werden. Anhand der Abbildung 4 ist auch gut zu erkennen, dass manche Weiterentwicklungen nicht in die Kernsoftware eingefügt werden können oder müssen und beendet werden. Durch periphere Entwickler, die als Vermittler zwischen den aktiven Entwicklern fungieren, kann dies verhindert und die Möglichkeit der Integration von Softwarekomponenten erhöht werden.

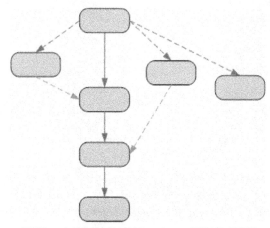

Abbildung 4: Einfacher Entwicklungsstrang vgl. [Nakakoji 2002]

*Entwicklungsmuster 2: **Einfacher Entwicklungsstrang mit Testversionen***
Das zweite hier vorgestellte Entwicklungsmuster ist dem des ersten Musters ähnlich. Es besteht auch aus einem Hauptstrang, in dem die Open Source Software entwickelt wird. Jedoch werden Weiterentwicklungen fest bestimmt und diese in so genannten internen Testversionen entwickelt und projektiert. Diese temporären Stränge (siehe rechte Seite in Abbildung 5) sind der Öffentlichkeit nicht zugänglich. Erst wenn der Projektleiter entscheidet, dass die einzelnen Testversionen der Software intern erfolgreich getestet wurden, werden diese in die Hauptsoftware integriert und öffentlich frei gegeben und somit zur Verfügung gestellt. Dabei erfolgt die Integration obligatorisch. Es kann unter Umständen vorkommen, dass die Weiterentwicklungen innerhalb der Testversionen der Software durch den Projektleiter umgeschrieben werden. Somit wird sichergestellt, dass die verschiedenen

Entwicklungen, die durch Mitglieder der Community eingereicht werden, in das Konzept der Hauptsoftware passen.

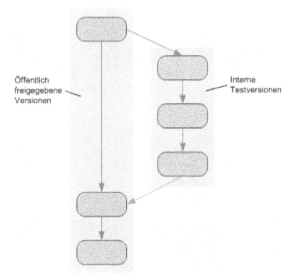

Abbildung 5: Einfacher Entwicklungsstrang mit Testversionen vgl. [Nakakoji 2002]

*Entwicklungsmuster 3: **Mehrfacher Entwicklungsstrang***

Das Entwicklungsmuster des mehrfachen Entwicklungsstranges unterscheidet sich deutlich von den zuvor vorgestellten Mustern. Dieses Entwicklungsmuster beschreibt mehrere parallel ablaufende Softwareentwicklungen. Wie in Abbildung 6 zu erkennen, gibt es einen Hauptentwicklungsstrang, der die Entwicklung der Kernsoftwareversion enthält. Von diesem Strang können mögliche Weiterentwicklungen abzweigen, die dann parallel zum Hauptstrang entwickelt werden. Ein Grund für diese Entwicklung kann beispielsweise das Fehlen an Motivation der Community-Mitglieder sein. Hierbei ist es durchaus möglich, dass Mehrfachimplementationen der gleichen Funktionalität von einzelnen Softwarekomponenten entstehen, wie Softwareteile für verschiedene Gerätetreiber, Prozessoren etc. Aus einem Entwicklungsstrang für eine Software können so viele verschiedene Entwicklungsstränge resultieren, die in Konkurrenz zueinander stehen. Darüber hinaus ist es möglich, dass einige dieser neu entstandenen Softwareentwicklungen ohne weitere Entwicklungen beendet werden, wie das der Fall bei dem Entwicklungsmuster des einfachen Entwicklungsstranges ist (siehe Entwicklungsmuster 1).

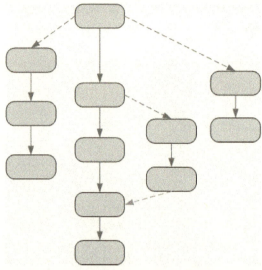

Abbildung 6: Mehrfacher Entwicklungsstrang vgl. [Nakakoji 2002]

Entwicklungsmuster 4: **Mehrfacher Entwicklungsstrang nach Anforderungen**

Die Abbildung 7 zeigt das Entwicklungsmuster des mehrfachen Entwicklungsstranges nach Anforderungen. Das bedeutet, dass es – im Unterschied zum vorherigen Muster – hier von vornherein mehrere Entwicklungsstränge gibt, die jeweils Softwareentwicklungen enthalten. Dies resultiert aus auftretenden Anforderungen bzw. neuen Bedürfnissen, die an die Software zu einem etwaigen Zeitpunkt gestellt werden.

Eine neue Anforderung an die Software wird zunächst zwischen an der Software interessierten Benutzern und den verantwortlichen Entwicklern erörtert und diskutiert. Wenn diese Anforderung als nützlich für die bestehende Software angesehen wird, wird ein Entwicklerteam durch einen aktiven Entwickler zusammengestellt. Dieses entwickelt dann die Software. Es entsteht ein neuer Entwicklungsstrang. Diese Neuentwicklung kann daraufhin nach mehrmaligem Testen, Prüfen der Qualität und letztendlich durch eine finale Abstimmung der Kernmitglieder des Projektes in die Kernsoftware integriert und implementiert werden.

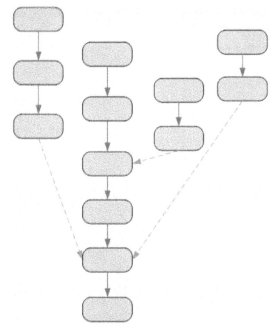

Abbildung 7: Mehrfacher Entwicklungsstrang nach Anforderung vgl. [Nakakoji 2002]

3.3.2 Klassifikationen von Open Source Softwareentwicklungen

Nachdem die verschiedenen Entwicklungsmuster im Kontext von Open Source Software, die als Grundlage für die Open Source Softwareentwicklung dienen, im vorherigen Unterkapitel erläutert wurden, kann nun eine Typeneinteilung von solchen Softwareentwicklungen vollzogen werden. Grundlage hierfür ist wieder die Studie von Nakakoji u. a. [Nakakoji 2002]. Bezüglich des globalen Ziels von Softwareentwicklungen – ein Softwareprodukt herzustellen – können die einzelnen Open Source Softwareentwicklungen wie folgt klassifiziert werden.

forschungs-orientiert (engl.: exploration-oriented)
Open Source Softwareentwicklungen, innerhalb derer forschungs-orientiert vorgegangen wird, haben den Charakter von wissenschaftlicher Forschung. Denn das Teilen und gemeinsame Nutzen von vollständiger oder partieller Open Source Software sowie von Erfindungen und Neuentwicklungen in diesem Bereich ähnelt in gewisser Weise dem wissenschaftlichen Forschen und den daraus sich resultierenden wissenschaftlichen Ergebnissen, die nunmehr auch gemeinsam verteilt und genutzt werden. Durch diese Forschungsarbeit seitens der Open Source Softwareentwickler können andere Entwickler die

bestehenden Ideen weiterentwickeln. Hier ist u. a. die Wiederverwendung von schon existierenden Programmbibliotheken zu erwähnen. Dadurch, dass Open Source Software für viele Entwickler eine lernende Ressource darstellt, sollte diese initial von erfahrenen Entwicklern erstellt und gepflegt worden sein. Solche Experten sind oftmals die Projektleiter, die die originalen Entwickler der zu betrachtenden Open Source Software waren. Beiträge zur Software werden von der Community erbracht und werden in die bestehende Software integriert, falls der Projektleiter damit einverstanden ist und die Integrität der Software nicht gefährdet sieht.

Im Gegensatz zu der Klassifizierung von Eric S. Raymond in [Raymond 2006] gleicht dieser Ansatz der Open Source Softwareentwicklung eher dem Stil der Kathedrale. Der Erfolg einer forschungs-orientierten Open Source Softwareentwicklung hängt sehr stark von der Vision und der Führungsfähigkeit des Projektleiters ab. Sollte einer dieser Aspekte mit der Mehrheit der Community-Mitglieder in Zwietracht stehen, könnte dies zur Folge haben, dass sich ein neuer Softwareentwicklungsstrang mit gleichem Ziel, aber anderem Aufbau z.B. bezüglich der Projektorganisation abzweigt bzw. abspaltet.

nutzungs-orientiert (engl.: utility-oriented)

In der nutzungs-orientierten Open Source Softwareentwicklung wird Software bzw. Softwareteile entwickelt, die Funktionen erfüllen, die bisher nicht da waren und schnell gebraucht werden. Aufgrund fehlender Funktionalitäten entscheiden deswegen Softwareentwickler, dass sie diese selbst programmieren. Die entstandene Software wird danach von ihnen im Internet zur Verfügung gestellt. Diese Entwicklung beginnt meist mit der Suche im Internet nach Teillösungen, die dann an die eigenen Bedürfnisse angepasst werden. Diese Art der Entwicklung hat nicht die Art wissenschaftlichen Forschens, wie im vorherigen Abschnitt, sondern die Intention, Softwareprogramme zu schreiben, die den individuellen Bedarf decken. Deswegen sind nutzungs-orientierte Open Source Programmierungen sehr zeitkritisch. Die der Öffentlichkeit freigegebene Open Source Software wird mit Hilfe des Internet verteilt und somit zur gemeinsamen Benutzung bzw. Weiterentwicklung zur Verfügung gestellt.

Die nutzungs-orientierte Entwicklung gleicht dem Stil des Basars, wie er in [Raymond 2006] von Eric S. Raymond beschrieben wurde. Es gibt keine zentrale Kontrollinstanz. Durch die Wiederverwendung und Modifikation von bestehender Software entstehen in der nutzungs-orientierten Open Source Softwareentwicklung viele Entwicklungsstränge bzw. Abspaltungen (siehe hierzu auch Abbildung 6). Es werden so mehrere, oft untereinander inkompatible Programme hervorgebracht, die möglicherweise miteinander konkurrieren. Die Software, die die meiste Unterstützung seitens der Community erlangt, verdrängt oftmals die mit ihr konkurrierenden Produkte. Dies wird als *Turnier-Stil* (engl.: tournament style) bezeichnet.

Darüber hinaus haben Open Source Softwareprogramme, die Teil einer anderen Open Source Software sind, keine eigene unabhängige Community, sondern bestehen innerhalb der Community der Software, von der sie ein Teil sind, z.b. sind Entwickler für Linux Gerätetreiber Teil der gesamten Linux-Community. Diese Entwickler sind aus der Sicht der gesamten Community periphere Entwickler. Diese sind wiederum äußerst wichtig, da sie die Schnittstelle zwischen den passiven Benutzern und der entwickelten Software sind. Passiven Benutzern wird so aufgezeigt, wie sie die Software benutzen und konfigurieren.

service-orientiert (engl.: service-oriented)

In einer service-orientierten Open Source Softwareentwicklung wird versucht, Software zu entwickeln, ohne dass die Dienste respektive die Services, die diese Software hervor bringt, ausfallen. Die Open Source Softwareentwicklungen muss es demnach vielen an ihr involvierten Personen recht machen. Dazu zählen einerseits die Mitglieder der Community, die die Software benutzen und andererseits die Endbenutzer, deren Arbeit von der Software abhängt, z.b. Benutzer von PostgreSQL[17] und Kunden von Datenbanksystemen, die mit PostgreSQL entwickelt wurden.

Dadurch, dass Änderungen in der Software im Hinblick auf die Stabilität der von dieser Software angebotenen Dienste mit Vorsicht vollführt werden, ist die Art der service-orientierten Open Source Softwareentwicklung eher konservativ gegenüber evolutionären und schnellen Änderungen eingestellt. Dies spiegelt sich auch in dem Kontrollstil von solchen Softwareentwicklungen wider. Sie ähneln weder dem Stil der Kathedrale noch dem des Basars.

Service-orientierte Open Source Softwareentwicklungen werden meist von einer Gruppe bestehend aus Kernmitgliedern gemeinsam kontrolliert. Änderungen werden in gemeinsamen Sitzungen diskutiert und bei Mehrheitsentscheid entweder in die bestehende Software integriert oder nicht. Diese Art und Weise der Kontrolle über Softwareentwicklungen wird Rat-Stil (engl.: council style) genannt. Der nicht beständig feststehende Rat besteht aus Kernmitgliedern, die von der Community gewählt werden. In den meisten Communities dieser Art gibt es eine Einrichtung, die dieses Verfahren regelt.

Die Mitglieder der service-orientierten Communities sind oftmals passive Benutzer; zum Teil Fehlerberichterstatter und Fehlerkorrigierer, die Fehler und/oder Korrekturen an die Kernmitglieder, also dem Rat mitteilen. Für größere Änderungen in der Software sind die aktiven Entwickler zuständig. Diese arbeiten dann eng mit anderen peripheren Entwicklern und Fehlerkorrigierern zusammen.

---

[17] Open Source Datenbanksystem; http://www.postgresql.org/

Kombination aus forschungs-, nutzungs- und service-orientiert

Die in den vorherigen Abschnitten beschriebenen unterschiedlichen Ausrichtungen bzw. Orientierungen innerhalb von Open Source Softwareentwicklungen können auch kombiniert und so miteinander gekoppelt werden. Softwareentwicklungsprozesse selbst können sich entwickeln und verändern, indem beispielsweise neue Anforderungen auftreten oder andere Umgebungsfaktoren ein Softwareprojekt beeinflussen.

Der forschungs- und nutzungs-orientierte Ansatz in der Open Source Softwareentwicklung kann sich als Start für eine solche Entwicklung gut eignen. Wenn sich die Software mitsamt ihrer Entwicklungsmethode bewährt hat, kann es dazu kommen, dass der service-orientierte Ansatz gewählt wird. Dies hat mehrere Gründe:

Einerseits kann ein motivierter Entwickler leicht eine forschungs-orientierte Software starten (siehe obigen Abschnitt *forschungs-orientiert*). Es folgen weitere Entwickler, die diese Software weiterentwickeln und festigen und daraus Software mit stabilen Diensten für Endbenutzer formen (siehe obigen Abschnitt *service-orientiert*). Ein anderer Grund für diese Tendenz ist, wenn die Software zu groß und komplex wird und nicht mehr durch eine Person kontrollierbar ist, sondern nur durch mehrere.

Andererseits könnten sich nutzungs-orientierte Softwareentwicklungen (siehe obigen Abschnitt *nutzungs-orientiert*), in denen u. U. viele verschiedene konkurrierende Implementierungen der gleichen Softwarefunktion entstehen können, in service-orientierte Entwicklungen wandeln. Dies geschieht beispielsweise dann, wenn ein Team geformt wird, das die vielen Bedürfnisse der verschiedenen Entwickler bündelt und daraus eine Software in Zusammenarbeit erschafft (z.B. Apache Projekt).

Die Abbildung 8 zeigt einen möglichen Prozess, wie er sich im Kontext einer Open Source Softwareentwicklung evolutionär ändern könnte. Initial könnte eine Entwicklung einer Software forschungs- oder nutzungs-orientiert (schnell) beginnen und dann nach einer gewissen Bewährungsphase oder auch Reifephase in einen service-orientierten Zustand übergehen. In dieser Phase würde die Entwicklung sich verlangsamen und dadurch stabilisieren. Durch Hinzunahme neuer Anforderungen an die Funktionalität der Software oder neuer Ideen (beispielsweise durch bereits existierende Software) kann sich die Entwicklung wieder in eine schnelle forschungs- oder nutzungs-orientierte Phase wandeln. Dies kann iterativ fortgesetzt werden, wie die Pfeile in der Abbildung 8 zeigen.

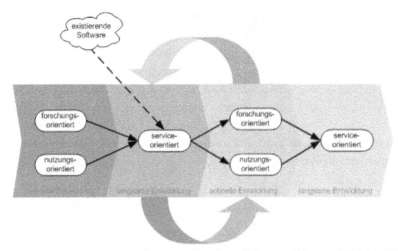

Abbildung 8: Möglicher evolutionärer Prozess von Open Source Softwareentwicklungen vgl. [Nakakoji 2002]

3.4 Analyse und Vergleich der dargestellten Modelle

In den vorherigen Abschnitten wurden die in Open Source Softwareentwicklungsprozessen relevanten Praktiken mittels der Entwicklungsmuster und der Klassifikation dieser Softwareentwicklungen erläutert. Diese wurden vorerst unter der Bezeichnung Entwicklungsmodell im Kontext von Open Source zusammengefasst. Um nun konkrete Modelle der Open Source Entwicklung abzuleiten, werden die vorangestellten Überlegungen mit Hilfe einer morphologischen Methode analysiert. Mit dieser Methode, in der Form einer Matrix, können konkrete bzw. spezifische Entwicklungsmodelle geformt werden. Diese werden anhand eines bekannten Beispiels aus dem Bereich der Open Source Softwareentwicklung verdeutlicht.

3.4.1 Morphologische Methode

Die Morphologische Methode dient der Diagnose von Problemen und der Suche nach Lösungen. Sie ist geeignet, komplexe Probleme durch logische und systematische Verknüpfung von Problemelementen zu lösen. Die Methode wird mit Hilfe einer Matrix umgesetzt.

Das Problem wird definiert und in seine Bestandteile bzw. Dimensionen aufgespalten. Diese Merkmale werden untereinander aufgeführt. Aus jeder Problemdimension werden zeilenweise möglichst viele Lösungselemente abgeleitet. Diese Lösungselemente werden auch Ausprägungen genannt. In systematischer Weise können mit der Matrix sämtliche

Kombinationsmöglichkeiten geprüft werden. Eine Kombination der Ausprägungen stellt sozusagen eine Lösung für das Problem dar [Ritchey 2006].

Im Folgenden wird das Problem, dass es keine konkreten spezifischen Entwicklungsmodelle im Bereich Open Source Software gibt, mittels der morphologischen Methode behandelt. Hierfür wird das Problem definiert und anhand einer Matrix (siehe Tabelle 3) die Merkmale und die möglichen Ausprägungen ermittelt. Darauf folgend können Kombinationen durch Unterscheidung der Merkmale nach den einzelnen Ausprägungen identifiziert werden. Es wird eine Verknüpfung für ein Open Source Softwarebeispiel bestimmt und im nächsten Teilkapitel näher beschrieben.

Problemdefinition

Wie eingangs von Kapitel 3.3 beschrieben, gibt es bisher keine fachspezifischen Informationen oder Dokumentationen anhand derer es möglich wäre, konkrete Open Source Softwareentwicklungsmodelle zu definieren.

Im Gegensatz zur proprietären Softwareentwicklung gibt es im Bereich Open Source Software keine einheitlichen, standardisierten Entwicklungsprozesse. Demnach ist es schwierig, konkrete Entwicklungsmodelle zu bestimmen. Abhilfe hierbei soll diese Analyse geben. So wird es möglich sein, Informationen, d.h., Merkmale und ihre Ausprägungen im Bereich Open Source Software abzubilden und somit Entwicklungsmodelle in diesem Segment zu konstruieren.

Bestimmung der Merkmale

In dieser analytischen Phase werden die Merkmale die im Kontext von Open Source Entwicklungsmodellen relevant und darüber hinaus unabhängig sind, festgelegt.

Ermittlung möglicher Ausprägungen

Als zweite analytische Phase schließt sich die Differenzierung der Merkmale nach einzelnen Ausprägungen an. Es werden für jedes Merkmal entsprechende Ausprägungen ermittelt. Die Resultate beider Phasen sind anhand der folgenden Tabelle 3 zu sehen.

Merkmal	Ausprägungen				
Entwicklungs-treiber	Community	Stiftung, Organisation	Einzelnes Unterneh-men	Unterneh-mens-gruppen	Privatperson
Primäres Ziel	Teilen von Ideen, Erfin-dungen und Wissen	Erfüllung von individuellen Bedürfnissen	Zur Verfü-gung-stellung von stabilen Diensten	Erweiterung um neue (lückenfüll-ende) Funktionali-täten	
Weiterentwick-lung	freie Weiter-entwicklung	festgelegte Weiterent-wicklung durch Stan-dards	freie kollaborative Weiter-entwicklung	Festgelegte, kollaborative Weiterent-wicklung durch Stan-dards	
Integration	freie Integration	freie Integra-tion durch Projektleiter oder Kern-mitglieder	festgelegte Integration durch Standards	festgelegte Integration durch Projektleiter	festgelegte Integration durch Kernmit-glieder
Entwicklungs-muster	Einfacher Entwick-lungsstrang	Einfacher Entwick-lungsstrang mit Test-versionen	Mehrfacher Entwick-lungsstrang	Mehrfacher Entwick-lungsstrang nach An-forderungen	
Kontrollstil	Dezentrali-sierte Kontrolle	Dezentrali-sierte Kontrolle im Basar-Stil	Zentralisierte Kontrolle	Zentralisierte Kontrolle im Kathedral-Stil	Zentralisierte Kontrolle im Rat-Stil
Community-Struktur	Projektleiter mit Entwick-lern	Kernmit-glieder mit Entwicklern	Viele Entwickler, wenig passive Be-nutzer	Viele passive Be-nutzer, wenig Entwickler	Viele periphere Entwickler, viele passive Benutzer
Rolle der Community	Sehr wichtig	wichtig	eher unwichtig	unwichtig	spielt keine Rolle
Community-Größe	sehr groß	groß	mittel	klein	sehr klein
Entwicklungs-klassifikation	forschungs-orientiert	nutzungs-orientiert	service-orientiert	Mischform aus forschungs-und service-orientiert	Mischform aus nutzungs-und service-orientiert

Tabelle 3: Morphologische Matrix

Wie an der Tabelle 3 zu erkennen ist, setzt sich die Matrix der morphologischen Methode aus Parametern bzw. Merkmalen und ihren jeweiligen Ausprägungen zusammen. Die Ausprägungen werden jeweils entlang der Kopfzeile und der ersten Spalte einer Matrix eingetragen. Die einzelnen Alternativen im Bereich Open Source Entwicklungsmodelle entstehen durch Kombination der Ausprägungen. Zur übersichtlicheren visuellen Darstellung der Matrix wird in dieser Arbeit die Anzahl der Ausprägungen auf maximal fünf beschränkt. Sind für ein Merkmal weniger als fünf Ausprägungen vorhanden, wird die entsprechende Zelle in der Matrix freigelassen.

Festlegung der Kombinationen

Die Verknüpfung oder Kombination der Elemente, sprich der Ausprägungen zu Lösungsalternativen, kennzeichnet die synthetische Phase. Mit Hilfe dieser einzelnen Verknüpfungen können nun verschiedene Open Source Modelle gefunden werden.

Eine solche Verknüpfung wird im folgenden Unterkapitel 3.4.2 aufgestellt. Diese wird einer ausgesuchten, bekannten Open Source Softwareentwicklung bzw. -projekt zugeordnet.

3.4.2 Open Source Softwarebeispiel

Wie am Ende des vorherigen Unterkapitels erwähnt, werden in diesem Abschnitt die Kombinationen der Ausprägungen aus Tabelle 3 aufgestellt. Es wird exemplarisch ein Open Source Modell identifiziert und dieses an einem konkreten Beispiel erläutert. Hierfür wird die zuvor aufgestellte Matrix hinzugezogen und mittels einer Verknüpfung der Ausprägungen ein Open Source Entwicklungsmodell geformt. Als Open Source Softwarebeispiel wird der *Apache Webserver*[18] herangezogen.

Open Source Modell am Beispiel des *Apache Webserver*

Der Apache Webserver, genauer der Apache HTTP[19] Server, ist ein Open Source Projekt der Stiftung bzw. Organisation mit Namen *Apache Software Foundation* (ASF).

Der Apache Webserver entstand auf Basis des NCSA[20] HTTPD[21] 1.3 Webserver. Als im Jahre 1994 der Chefentwickler dieses Webservers, Rob McCool das Unternehmen NCSA verließ, fand sich eine Gruppe von Webmastern zusammen und entwickelte aus dem NCSA HTTPD 1.3 Webserver den Apache Webserver in der Version 0.6.2. Diese

---

[18] Vgl. http://httpd.apache.org/, online am 18.12.07

[19] HTTP steht für HyperText Transfer Protocol (Hypertext-Übertragungsprotokoll); Protokoll zur Übertragung von Daten über ein Netzwerk

[20] National Center for Supercomputing Applications, Universität von Illinois, Urbana-Champaign.

[21] HTTPD steht für HyperText Transfer Protocol Daemon.

Weiterentwicklung erfolgte zunächst durch Erweiterungen und Patches[22], die dem Webserver den Namen gaben: *A patchy Server*. Nachdem Ende 1995 die Version 1.0 freigegeben wurde, folgte drei Jahre später die Version 2.0. Zurzeit liegt der Apache Web-Server in der Version 2.2.6 vor. Er zeichnet sich durch eine modulare Architektur bestehend aus einzelnen Modulen aus [Apache 2007b].

Ein Webserver, wie auch der Apache Webserver, ist eine Software in Form eines Dienstes, der auf einem Rechner (Server) implementiert wird und Webseiten für andere Rechner (Client) zur Verfügung stellt. Server und Client kommunizieren über das *HyperText Transfer Protocol* (HTTP), das auf das verbindungsorientierte Transportprotokoll, das *Transfer Control Protocol Internet Protocol* (TCP/IP) aufsetzt. Der Standardport für diese Kommunikation über HTTP ist der Port 80.

Im Jahre 1999 wurde die *Apache Software Foundation* als *Apache Group* zur Weiterentwicklung des Apache Webserver ins Leben gerufen und agiert heute als eine der größten Open Source Vereinigungen weltweit [Eilebrecht 2004].

Im Folgenden wird das Apache Webserver Entwicklungsmodell anhand der im vorherigen Abschnitt vorgestellten morphologischen Matrix ausgearbeitet. Die für das Apache Webserver Entwicklungsmodell in der Matrix ausgewählten Ausprägungen sind grün hinterlegt.

---

[22] engl. Flickwerk - Fehlerbereinigung durch das Ersetzen einzelner Programmteile.

Merkmal	Ausprägungen				
Entwicklungstreiber	Community	Stiftung, Organisation	Einzelnes Unternehmen	Unternehmensgruppen	Privatperson
Primäres Ziel	Teilen von Ideen, Erfindungen und Wissen	Erfüllung von individuellen Bedürfnissen	Zur Verfügungstellung von stabilen Diensten	Erweiterung um neue (lückenfüllende) Funktionalitäten	
Weiterentwicklung	freie Weiterentwicklung	festgelegte Weiterentwicklung durch Standards	freie kollaborative Weiterentwicklung	Festgelegte, kollaborative Weiterentwicklung durch Standards	
Integration	freie Integration	freie Integration durch Projektleiter oder Kernmitglieder	festgelegte Integration durch Standards	festgelegte Integration durch Projektleiter	festgelegte Integration durch Kernmitglieder
Entwicklungsmuster	Einfacher Entwicklungsstrang	Einfacher Entwicklungsstrang mit Testversionen	Mehrfacher Entwicklungsstrang	Mehrfacher Entwicklungsstrang nach Anforderungen	
Kontrollstil	Dezentralisierte Kontrolle	Dezentralisierte Kontrolle im Basar-Stil	Zentralisierte Kontrolle	Zentralisierte Kontrolle im Kathedral-Stil	Zentralisierte Kontrolle im Rat-Stil
Community-Struktur	Projektleiter mit Entwicklern	Kernmitglieder mit Entwicklern	Viele Entwickler, wenig passive Benutzer	Viele passive Benutzer, wenig Entwickler	Viele periphere Entwickler, viele passive Benutzer
Rolle der Community	Sehr wichtig	wichtig	eher unwichtig	unwichtig	spielt keine Rolle
Community-Größe	sehr groß	groß	mittel	klein	sehr klein
Entwicklungsklassifikation	forschungsorientiert	nutzungsorientiert	serviceorientiert	Mischform aus forschungs- und serviceorientiert	Mischform aus nutzungs- und serviceorientiert

Tabelle 4: Kombination von Ausprägungen für das Apache Webserver Entwicklungsmodell

Der Entwicklungstreiber des Apache Projekts ist die Organisation bzw. die Stiftung mit Namen *Apache Software Foundation*. Das primäre Ziel ist – natürlich nebst dem globalen Ziel, ein Open Source Softwareprodukt zu schaffen – das Bereitstellen eines stabilen Dienstes in Form eines Webservers für das Internet [Nakakoji 2002]. Die Entwicklung dieser Software erfolgt kollaborativ durch festgelegte Standards. Die Integration von Weiterentwicklungen wird durch die Kernmitglieder kontrolliert. Dadurch herrscht eine zentralisierte Kontrolle im Rat-Stil vor. Das innerhalb des Apache Projekts benutzte Entwicklungsmuster ist das des *mehrfachen Entwicklungsstrangs nach neuen Anforderungen*. Die sehr große und für das Apache Projekt sehr wichtige Community besteht zu 99% aus passiven Mitgliedern und relativ wenigen Entwicklern [Nakakoji 2002]. Durch das Ziel des Projekts, die Bereitstellung eines stabilen, robusten Dienstes, ist die Softwareentwicklung im Apache Projekt *service-orientiert* ausgerichtet. Zu erwähnen ist noch, dass die Entwicklung dennoch *nutzungs-orientiert* gestartet ist. Dies unterstreicht die im Kapitel 3.3.2 aufgestellte Aussage, dass über die Zeit hinweg verschiedene Ausrichtungen bzw. Orientierungen innerhalb von Open Source Softwareentwicklungen angenommen werden können.

Weitere Open Source Modelle

Anhand der aufgestellten morphologischen Matrix ist es nun möglich, weitere – sowohl schon existierende als auch neue – (Entwicklungs-)Modelle im Bereich von Open Source Software aufzustellen. Dabei können Modelle identifiziert werden und diese dann den Open Source Entwicklungen, die bereits existieren, zugeordnet werden. Wie z.B. oben beschrieben wurde, der Apache Webserver oder das Linux-Betriebssystem, das beispielsweise u. a. Community-vorangetrieben und dessen Entwicklung primär *nutzungs-orientiert* ausgerichtet ist [Nakakoji 2002]. Des Weiteren ist es vorstellbar, neue Entwicklungsmodelle zu definieren, um beispielsweise ein neues Open Source Softwareprojekt mit einem spezifischen Entwicklungsmodell zu instantiieren.

3.4.3 Vergleich von Open Source Modellen

Durch die Vielzahl der mit Hilfe der vorangegangenen morphologischen Methode aufgestellten möglichen Kombinationen und Verknüpfungen kann gewährleistet werden, Vergleiche von den verschiedensten Open Source Modellen anzustellen.

Da oftmals einschlägige Informationen über die in Open Source Projekten benutzen Entwicklungsmodelle fehlen, schwer zu beschaffen oder mühevoll zu identifizieren sind, sind Vergleiche oder Gegenüberstellungen von solchen Modellen vorerst sehr schwierig aufzustellen. Erst durch die Bestimmung der einzelnen Faktoren, die innerhalb von Open

Source Softwareentwicklungen relevant sind, wird es möglich, konkrete Entwicklungsmodelle zu spezifizieren. Diese können dann mit den verschiedensten Vergleichsmethoden auf Gemeinsamkeiten und Unterschiede verglichen bzw. abgewogen werden.

4 Zusammenfassung und Ausblick

In den letzten Jahren erfuhr die Softwareentwicklung im Kontext von Open Source eine zunehmende Verbreitung und Popularität und hat sich in den verschiedensten Anwendungsdomänen konstituiert. Die einzelnen Prozesse bzw. Methoden, die sich im Bereich der Open Source Softwareentwicklung evolutionär herausgebildet haben, weisen in den zahlreichen Open Source Softwareprojekten zum Teil ähnliche Strukturen und Eigenschaften auf. Die an ihnen beteiligten Personen mit ihren spezifischen Rollen sind überwiegend miteinander vergleichbar.

Dies rechtfertigt den Gedanken, sowohl bereits existierende Open Source Entwicklungsmodelle identifizieren zu wollen, als auch neue Modelle entwickeln zu können. Im Bereich des Software Engineering wurde längst erkannt, dass sich das allgemeine Open Source Softwareentwicklungskonzept in verschiedenen Aspekten erheblich von dem der proprietären Softwareentwicklung unterscheidet. Daher bedürfen diese Open Source Entwicklungsmodelle einer eigenen wissenschaftlichen Betrachtung. In unterschiedlichen Veröffentlichungen wurden zwar bereits einzelne Aspekte der Open Source Softwareentwicklung analysiert und vage Theorien über zugrunde liegende Entwicklungsmodelle verfasst; dennoch existiert bislang noch keine umfassende Beschreibung der typischen Modelle der Open Source Softwareentwicklung. Da dies eine Voraussetzung für die weitere wissenschaftliche Auseinandersetzung mit Open Source Softwareentwicklungen darstellt, wurde im Rahmen dieser Arbeit eine Vorgehensweise erarbeitet, die dabei hilft, solche Entwicklungsmodelle im Bereich der Open Source Software analysieren zu können, d.h. sie zu identifizieren bzw. sie zu erfassen und sie damit schließlich vergleichbar zu machen. Die Analyse wurde mit Hilfe einer morphologischen Methode vollzogen. Dies wurde unter Verwendung von bereits untersuchten Open Source Entwicklungsmustern und Einteilungen von Open Source Softwareentwicklungen in verschiedene Kategorien durchgeführt. Da diese Entwicklungsmuster und Kategorisierungen von Open Source Softwareentwicklungen Ergebnisse einer Studie sind und an konkreten Open Source Beispielen ausgerichtet sind, wurden sie im Rahmen dieser Arbeit verallgemeinert, um sie in der Analyse anwenden zu können.

Durch die stetig steigende Anzahl an Open Source Softwareprodukten und dadurch wachsende Verwendung derer, wird es in Zukunft immer wichtiger werden, die eingesetzten Entwicklungsmodelle in diesem Bereich zu dokumentieren und der Öffentlichkeit zur Verfügung zu stellen. Wie auch in der proprietären Softwareentwicklung wird es auch im Bereich von Open Source immer essentieller, klare standardisierte Entwicklungsmodelle zu definieren, um auch künftig stabile, fehlerfreie Open Source Softwareprodukte entwickeln zu können.

Hierbei sind natürlich weitere Aspekte bzw. Fragestellungen, wie die weltweite Zusammenarbeit zwischen Entwicklern und deren Kommunikation, die zu Problemen und Konflikten führen könnten, von großer Bedeutung und müssen noch diskutiert werden.

Literaturverzeichnis

[Apache 2007a]   The Apache Software Foundation: The Foundation, http://apache.org/foundation/, Forest Hill (USA), 2007, online am 18.12.2007

[Apache 2007b]   The Apache Software Foundation: Apache HTTP Server Project, http://httpd.apache.org/ABOUT_APACHE.html, Forest Hill (USA), 2007, online am 18.12.2007

[Behlendorf 1999] Behlendorf, B.: Open Source as a Business Strategy, http://www.oreilly.com/catalog/opensources/book/brian.html, O'Reilly Online Catalog, 1. Ausgabe, o. O., 1999, online am 18.12.2007

[Claus 2006]   Claus, V.: Duden - Informatik, Fachlexikon für Studium, Ausbildung und Beruf, 4. Ausgabe, Mannheim, 2006

[Eilebrecht 2004] Eilebrecht, L.: Hinter den Kulissen der Apache Software Foundation, http://www.free-it.de/archiv/talks/paper-10005/paper.pdf, Berlin, 2004, online am 18.12.2007

[Ettrich 2000]   Ettrich, M.: Gedanken zur Freie-Software-Szene, Wer kodiert?, http://www.heise.de/ix/artikel/2000/01/112/, iX, 1/2000, Seite 112, online am 18.12.2007

[FSF 2007]   Free Software Foundation: The Free Software Definition, http://www.fsf.org/licensing/essays/free-sw.html, Boston (USA), 2007, online am 18.12.2007

[Feller 2005]   Feller, J.; Fitzgerald, B.; Hissam, S. A.; Lakhani, K. R.: Perspectives on Free and Open Source Software, MIT Press, 1. Auflage, London, 2005

[Johnson 2007]   Johnson, K.: Open-Source Software Development, http://chinese-school.netfirms.com/computer-article-open-source.html, Alberta (Kanada), online am 18.12.2007

[Koch 2004]   Koch, S.: Free/Open Source Software Development, Idea Group, 1.
                   Auflage, London, 2004

[Müller 2003]   Müller, C.: Wirtschaftsinformatik, http://www.it-
                   infothek.de/fhtw/semester_3/se_3_01.html, Berlin, 2003 online am
                   18.12.2007

[Microsoft 1976]   Microsoft archives: An Open Letter to Hobbyists,
                   http://www.microsoft.com/about/companyinformation/timeline/timeline/do
                   cs/di_Hobbyists.doc, Albuquerque, 1976, online am 18.12.2007

[Nakakoji 2002]   Nakakoji, K..; Yamamoto, Y.; Nishinaka, Y.; Kishida, K.; Ye, Y.:
                   Evolution Patterns of Open-Source Software Systems and Communites,
                   http://www.kid.rcast.u-tokyo.ac.jp/~kumiyo/mypapers/IWPSE2002.pdf,
                   Tokyo (Japan), 2002, online am 18.12.2007

[Netscape 2000]   Netscape: Netscape Communicator Open Source Code White Paper,
                   http://wp.netscape.com/browsers/future/whitepaper.html, o. O., 2000,
                   online am 18.12.2007

[OSI 2006]   Open Source Initiative: The Open Source Definition,
                   http://www.opensource.org/docs/osd, o. O., 2006, online am 18.12.2007

[Perens 2007]   Perens, B.: The Open Source Definition, http://perens.com/OSD.html, o.
                   O., 2007, online am 18.12.2007

[Raymond 2006]   Raymond, E. S.: The Cathedral and the Bazaar,
                   http://www.catb.org/~esr/writings/cathedral-bazaar/, o. O, 2006, online
                   am 18.12.2007

[Ritchey 2006]   Ritchey, T.: General Morphological Analysis – A general method for non-
                   quantified modelling, http://www.swemorph.com/, o. O., 2006, online am
                   18.12.2007

[Sourceforge 2007] sourceforge.net, http://sourceforge.net/, o. O., 2007, online am
                   18.12.2007

[Sun 2007]   Sun Microssystems: Free and Open Source Software,
                   http://www.sun.com/software/opensource/index.jsp, o. O., 2007, online
                   am 18.12.2007

[Torvalds 2007] Torvalds, L.: The Linux Edge,
                   http://www.oreilly.com/catalog/opensources/book/linus.html, O'Reilly
                   Online Catalog, 1. Ausgabe, o. O., 1999, online am 18.12.2007